Gwendoline Point

AF288463

Arschlochliebe
Schluss mit Herzschmerz, rein ins Leben

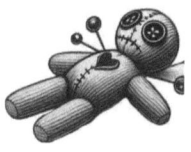

Arschlochliebe, Schluss mit Herzschmerz, rein ins Leben.

Gwendoline Point

Impressum

Bibliografische Information der Deutschen Nationalbibliothek: Die Deutsche Nationalbibliothek verzeichnet diese Publikation in der Deutschen Nationalbibliografie; detaillierte bibliografische Daten sind im Internet über http://dnb.dnb.de abrufbar.

Die automatisierte Analyse des Werkes, um daraus Informationen insbesondere über Muster, Trends und Korrelationen gemäß §44b UrhG („Text und Data Mining") zu gewinnen, ist untersagt.

Lektorat: Roland R.
Korrektorat: Roland R.
Weitere Mitwirkende: Roland R.

Verlag: BoD · Books on Demand GmbH, In de Tarpen 42, 22848 Norderstedt

Druck: Libri Plureos GmbH, Friedensallee 273, 22763 Hamburg

ISBN: 978-3-7597-6833-9

Willkommen, zu „Arschlochliebe – Schluss mit Herzschmerz, rein ins Leben"

Deine Heilung mit Flügeln und Hörnern

Teufel: Na endlich, da bist du ja. Willkommen im Club der Gebrochenen Herzen. Aber warte mal – sieh dich an. Du leidest, weinst, fühlst dich leer, oder? Kein Problem, ich bin hier, um dir zu helfen. Aber... dafür will ich natürlich etwas von dir. Vielleicht deine Seele? Ach, komm schon, nur ein winziges Stückchen –

Engel: HALT! Genug, mein teuflischer Freund! Du übertreibst schon wieder. *Räusper.* Entschuldigung für diesen unangemessenen Einstieg. Ich bin hier, um dir zu helfen. Keine Bedingungen, keine faulen Tricks. Nur ehrliche Unterstützung. Lass mich dir erklären, wer ich bin: Ich bin dein Engel – dein Retter in strahlender Rüstung, bereit, dich aus dem Sumpf des Liebeskummers zu ziehen.

Teufel: Retter in Rüstung? Bitte. Der Typ hier wird dir erzählen, wie du dich „in Geduld üben" sollst und „Liebe loslassen" kannst. Klingt langweilig, oder? Hör stattdessen auf mich! Ich bin dein Teufel – dein rebellischer Kumpel, der dir zeigt, wie du den Schmerz abfackelst, die Tränen trocknest und den Spaß deines Lebens hast. Nenn mich... na ja, Teufel reicht.

Engel: Teufel oder nicht, wir beide sind hier, um dir zu helfen. Auf unsere ganz eigene Art.

7

Unser Versprechen an dich

Dieses Buch ist kein gewöhnlicher Ratgeber. Es ist dein Werkzeugkasten für gebrochene Herzen, ein Plan für den Neuanfang und ein Ventil für all die Gefühle, die du nicht länger allein tragen musst.

Mit jedem Kapitel bekommst du nicht nur Worte – du bekommst Action.

Du wirst lachen, weinen, schreien – und wachsen. Am Ende wirst du erkennen, dass der Liebeskummer nicht das Ende ist, sondern ein kraftvoller Anfang.

Teufel: Klingt nach großen Worten, oder? Aber glaub mir, wir liefern ab. Hier wirst du keine langweiligen, „mach mal Yoga und trink Tee"-Tipps finden. Hier geht's um dich. Um deinen Befreiungsschlag. Um dein Comeback.

Engel: Und um deine Heilung. Egal, wie tief du gerade fällst – wir helfen dir aufzustehen. Stück für Stück. Schritt für Schritt. Auf deine Weise.

Du bist am Boden? Gut, dann starten wir von dort!

Engel: «Du fühlst dich gerade verloren, oder? Alles ist ein Chaos, und nichts ergibt mehr Sinn. Liebeskummer kann dich wie eine Welle überrollen, die dich nicht nur umhaut, sondern unter Wasser drückt, bis du kaum noch Luft bekommst. Aber hör zu: Ich bin hier, um dir zu helfen. Wir fangen genau hier an, wo du bist – Schritt für Schritt.»

Teufel, augenverdrehend: «Oh bitte, spare dir die Rettungsfloskeln, Engelchen. Hör zu, Leser, du bist gerade im Dreck – ja, im absoluten Dreck. Aber weißt du, was daran gut ist? Du kannst dich jetzt nur noch nach oben graben. Und glaub mir, ich werde dir zeigen, wie. Aber lass dich nicht von diesem geflügelten Moralapostel einlullen – ich bin die Stimme, die du wirklich brauchst.»

Engel, sanft lächelnd: «Und ich bin die Stimme, die dich davon abhält, dir selbst ein Loch zu graben, das noch tiefer ist. Versteh mich nicht falsch, Wut hat ihren Platz, aber wenn du nur auf ihn hörst, wirst du am Ende mehr Chaos anrichten, als dir guttut.»

Teufel, schnaubend: «Chaos ist manchmal genau das, was man braucht, Engelchen. Manchmal musst du den Schmerz durch Schreien, Fluchen und – ja, von mir aus – etwas Zerstörung rauslassen. Sag nicht, dass das keine verdammt gute Therapie ist.»

Engel, geduldig: «Wut ist ein Werkzeug, kein Dauerzustand. Wenn du dich darin verlierst, machst du dir nur selbst mehr weh. Was du wirklich brauchst, ist Balance – Raum, um zu fühlen, und dann Schritte, um weiterzugehen.»

Teufel: «Balance? Pfff, Balance ist was für Seiltänzer. Hör zu, Leser, wenn du wütend bist, sei wütend. Wenn du weinen willst, heul. Wenn du schreien willst, schrei. Tu, was du tun musst, aber lass dich nicht von dieser ‚alles wird gut'-Nummer einlullen. Du bist hier, um aus diesem Mist herauszukommen – nicht, um dir Gedanken über den Sinn des Lebens zu machen.»

Engel, seufzend: «Es geht nicht nur um den Sinn des Lebens. Es geht darum, dir zu erlauben, den Schmerz zu spüren, ohne dass er dich überwältigt. Glaub mir, ich weiß, dass es schwer ist, aber du bist stärker, als du denkst.»

Teufel, grinsend: «Das stimmt. Du bist verdammt stark. Also, lass uns anfangen, diesen Liebeskummer Stück für Stück auseinanderzunehmen. Aber vergiss nicht: Du kannst es entweder auf die sanfte Weise machen… oder mit ein bisschen Feuer.

Also, was jetzt? Jetzt schauen wir uns an, warum dieser verdammte Liebeskummer so weh tut. Keine halben Sachen – wir bohren richtig rein. Das nächste Kapitel wird dir zeigen, was in deinem Kopf und deinem Herzen abgeht.»

Engel: «Und keine Sorge – wir sind bei dir. Wenn du verstehst, warum du so fühlst, wie du fühlst, kannst du anfangen, den Schmerz loszulassen. Lass uns gemeinsam auf diese Reise gehen.»

Warum Liebeskummer dich so trifft

Engel, nachdenklich: «Liebeskummer fühlt sich an, als würde dir jemand den Boden unter den Füßen wegziehen. Alles, was du geplant hast, all die Träume, die du geteilt hast – plötzlich sind sie weg. Kein Wunder, dass du dich leer fühlst. Aber dieser Schmerz zeigt auch, wie tief du lieben kannst. Das ist nichts, wofür du dich schämen musst.»

Teufel, direkt: «Leere? Klar, das kennen wir alle. Aber lass mich dir mal was sagen: Dieser Mist ist auch eine verdammte Realitätsschelle. Denkst du wirklich, die Welt ist fair? Falsch. Das Leben haut dir eins rein – und dann liegst du da. Aber genau hier liegt deine Chance: aufzustehen und den Schlag zu erwidern.»

Engel, sanft: «Es geht darum, diesen Schmerz zu verstehen. Warum fühlt er sich so überwältigend an? Es ist, weil Liebe keine oberflächliche Sache ist. Sie dringt tief in dein Herz, in dein Leben. Und wenn sie plötzlich weg ist, dann hinterlässt sie eine Lücke, die sich erst einmal, wie ein riesiger Abgrund anfühlt.»

Teufel, spöttisch: «Oder wie ein verdammt schlechter Film. Komm schon, Engelchen, du musst nicht alles so poetisch machen. Hör zu, Leser: Der Schmerz zeigt dir, dass du noch lebst. Und leben heißt, dass du kämpfen kannst. Also lass uns diesen Schmerz in etwas anderes verwandeln – in Energie, in Wut, in verdammte Action.»

Engel, ermutigend: «Doch bevor du etwas tust, musst du den Schmerz erst einmal fühlen. Du kannst nur loslassen, was du wirklich verstehst. Dieser Schmerz wird dir zeigen, wie wichtig dir diese Liebe war. Und das ist der erste Schritt zur Heilung.»

Teufel, grinsend: «Ja, fühlen – aber bitte nicht zu lange. Wir sind hier, um weiterzumachen, nicht um im Selbstmitleid zu versinken. Ich zeige dir, wie du den Schmerz loswirst, ohne dich darin zu verlieren.»

Engel, lächelnd: «Und ich zeige dir, wie du diesen Schmerz in Stärke verwandelst. Lass uns gemeinsam verstehen, was in deinem Herzen vorgeht, damit du endlich Frieden finden kannst.»

Teufel, höhnisch grinsend: „Frieden? Oh, das wird spannend. Ich setz schon mal Popcorn auf."

Der erste Schritt - Lass alles raus

Engel, sanft: «Bevor du auch nur daran denken kannst, nach vorne zu schauen, musst du den Schmerz loslassen. Das bedeutet, dass du dir erlaubst, alles zu fühlen – die Trauer, die Wut, die Enttäuschung. Halte nichts zurück. Gefühle, die du ignorierst, stauen sich nur an, bis sie dich irgendwann überwältigen.»

Teufel, energisch: «Rauslassen, ja – aber mach's mit Stil! Keine halben Sachen. Wir reden hier nicht von still in die Kissen weinen. Wir reden von einem echten Befreiungsschlag. Schreib, schrei, zerstör was (legal, versteht sich). Alles, um den ganzen Mist aus deinem Kopf zu kriegen.»

Tipp 1: Schreib einen Abschiedsbrief - und zerstöre ihn

Engel: «Nimm dir Zeit und schreib deinem Ex einen Brief. Nein, nicht um ihn zu schicken, sondern um alles, was du fühlst, aufs Papier zu bringen. Deine Liebe, deinen Schmerz, deine Wut – halte nichts zurück. Liess ihn durch und lass ihn dann los: Zerreiß ihn, verbrenn ihn oder lass ihn symbolisch verschwinden. Es ist ein Schritt, um innerlich loszulassen.»

Teufel: «Oder mach daraus eine verdammte Show. Liess den Brief laut vor, zünde ihn an und sieh zu, wie die Flammen den ganzen Mist verschlingen. Nimm ein Foto dazu und wirf es gleich mit ins Feuer. Symbolik, Baby!»

Tipp 2: Schrei die Wut raus

Engel: «Manchmal hilft es, die Wut einfach rauszulassen – auf gesunde Weise. Geh in die Natur, such dir einen ruhigen Ort, und schrei, so laut du kannst. Lass die Worte raus, die du nie gesagt hast, die Fragen, die du nie stellen konntest. Es kann unglaublich befreiend sein.»

Teufel: «Schreien? Klar. Aber wie wär's mit einem Boxsack? Stell dir vor, es ist das Gesicht deines Ex, und hau drauf. Oder geh in einen Rage Room, wo du Sachen zerschmettern kannst, ohne Ärger zu kriegen. Dein Ziel: Den Mist aus deinem System prügeln, bis du dich wieder wie ein Mensch fühlst.»

Tipp 3: Starte eine „Entrümpelungs-Aktion"

Engel: «Räum auf. Entferne alles, was dich an deinen Ex erinnert: Fotos, Nachrichten, Geschenke. Pack sie in eine Kiste und stell sie außer Sicht. Es geht nicht darum, die Erinnerungen zu löschen, sondern dir den Raum zu geben, dich neu zu orientieren.»

Teufel: «In eine Kiste packen? Pfff. Schmeiß den Mist direkt raus. Weg damit! Und wenn du es richtig machen willst, schmeiß eine Ex-Exorzismus-Party. Lade deine Freunde ein, stoßt an und entsorgt die Altlasten mit Stil.»

Tipp 4: Schreib eine Hassliste

Engel: „Wenn du dich von der idealisierten Version deines Ex lösen willst, schreib eine Liste mit all den Dingen, die dich genervt haben. Er/sie hat dich unterbrochen, war unzuverlässig, hat dir das Gefühl gegeben, nicht genug zu sein? Schreib es auf. Diese

Liste hilft dir, die Realität zu sehen und nicht nur die schönen Erinnerungen."

Teufel: „Mach die Liste richtig saftig. Denk an jedes nervige Augenrollen, jede miese Angewohnheit, jeden Spruch, der dich zur Weißglut gebracht hat. Lies es dir laut vor und frag dich: ‚Warum trauere ich eigentlich um diesen Mist?' Glaub mir, das wird dir guttun."

Warum das wichtig ist

Engel: „Diese Schritte helfen dir, deine Gefühle zu ordnen und Platz für Heilung zu schaffen. Loslassen beginnt damit, dass du dir erlaubst, alles zu fühlen – und dann bewusst entscheidest, es loszulassen."

Teufel: „Genau. Und wenn du dabei ein bisschen Chaos veranstaltest, umso besser. Das Ziel ist, dich selbst wiederzufinden – laut, wütend und ehrlich.
Das war der erste Schlag gegen den Liebeskummer. Aber willst du wirklich wissen, wie man ihm den Rest gibt? Im nächsten Kapitel geht's um Flammen, Musik und den ultimativen Befreiungsschlag."

Engel: „Lass uns tiefer gehen. Denn wenn du wirklich loslassen willst, musst du auch verstehen, warum das so wichtig ist. Im nächsten Kapitel erfährst du, wie du die Flammen für deine Heilung nutzt."

Musik, Wut und Flammen – Dein Befreiungs-schlag

Engel, sanft: „Liebeskummer tut weh, das wissen wir beide. Aber weißt du, was noch schlimmer ist? Den Schmerz zu ignorieren. Zu hoffen, dass er von allein verschwindet. Das wird er nicht. Der Schmerz, den du unterdrückst, wird zu einem Schatten, der dich verfolgt. Deswegen sage ich dir: Lass ihn raus – deine Trauer, deine Wut, deine Fragen. Alles muss raus, bevor du nach vorne schauen kannst."

Teufel, energisch: „Genau. Und wenn ich ‚rauslassen' sage, meine ich keine halben Sachen. Keine Tränen in der Dusche oder leises Weinen im Dunkeln. Lass es krachen. Schreie in ein Kissen, tanz wie ein Irrer oder zerstöre etwas (legal, natürlich). Mach es laut. Mach es wild. Und ja, mach es mit Stil."

Warum Musik dein Freund ist

Engel: „Musik ist ein Schlüssel. Sie öffnet Türen zu Gefühlen, die du vielleicht nicht einmal benennen kannst. Eine sanfte Melodie kann dich trösten, ein aufbauender Song kann dir Kraft geben. Hör hin und finde deine Hymnen für den Schmerz und die Heilung. Musik kann dein innerer Begleiter sein."

Teufel: „Oder dein verdammter Motor. Wenn du das Gefühl hast, dass du explodieren könntest, dann lass die Musik explodieren. Dreh die Lautstärke auf, lass die Wände wackeln, und schrei mit. Meine Vorschläge? Etwas, das deine Wut anfacht und dich gleichzeitig zum Lachen bringt."

Unsere Song-Tipps

Engel:

- **„Someone Like You" von Adele** – für die Trauer
- **„Fix You" von Coldplay** – für die Hoffnung
- **„Shake It Off" von Taylor Swift** – für den Neubeginn

Teufel:
- **„Break Stuff" von Limp Bizkit** – für die Wut
- **„Highway to Hell" von AC/DC** – für das Durchhalten
- **„You Oughta Know" von Alanis Morissette** – für die Abrechnung

Teufel: „Musik ist mehr als nur Hintergrundrauschen. Sie ist ein verdammtes Ventil. Sing, schrei, tanze, weine – aber tu etwas!"

Warum Flammen so mächtig sind

Engel: „Flammen sind ein Symbol. Sie verbrennen das Alte und schaffen Platz für das Neue. Nimm etwas, das dich an deinen Ex erinnert – einen Brief, ein Foto – und lass es los. Zerreiß es, zünde es an, und sieh zu, wie es vergeht. Es ist ein Akt der Befreiung."

Teufel: „Genau. Und wenn du denkst, das ist albern, dann probier's aus. Es fühlt sich verdammt gut an. Flammen nehmen dir nicht nur das Alte. Sie geben dir etwas zurück: die Kontrolle über dein Leben."

Unsere Geschichten

Engel: „Ich erinnere mich an meinen ersten Abschiedsbrief. Es war schmerzhaft, die Worte zu schreiben, aber es war auch befreiend. Als ich ihn verbrannt habe, fühlte es sich an, als würde ein Teil von mir mit den Flammen aufsteigen. Es war der Anfang meiner Heilung."

Teufel: „Mein erster Brief? Ich hab ihn geschrien, in meinem Kopf, in meinem Zimmer, und dann hab ich alles, was mich an sie erinnert hat, in einen Sack gepackt und weggeworfen. Keine halben Sachen. Das hat mich gerettet."

Zusätzliche Tipps für deinen Befreiungsschlag

1. Schaffe ein Abschiedsritual

Engel: „Geh an einen Ort, der für euch beide wichtig war, und verabschiede dich innerlich. Reflektiere, was du aus der Beziehung gelernt hast, und lass es los – vielleicht mit einer Blume, die du ins Wasser wirfst."

Teufel: „Mach ein Ritual mit einem Knall. Schreib den Namen deines Ex auf einen Zettel, leg ihn auf den Boden, und tanz drauf. Nichts fühlt sich besser an, als etwas mit deinem ganzen Körper loszulassen."

2. Schreib einen Brief an dich selbst

Engel: „Schreib einen Brief an dein zukünftiges Ich. Erzähl dir, wie du dich jetzt fühlst, was du dir für die Zukunft wünschst, und erinnere dich daran, dass du auf einem Weg bist, der dich stärker macht."

Teufel: «Oder schreib dir, wie verdammt großartig du bist. Fett, groß, laut: ‚Ich bin der Hammer, und niemand kann mich brechen.' Lies es dir jeden Morgen vor.»

Engel: «Das Loslassen beginnt jetzt. Erlaube dir, den Schmerz zu fühlen. Aber lass ihn nicht bleiben.»

Teufel: «Ja, lass los – laut, wütend und mit Stil. Schreib etwas. Verbrenn etwas. Mach, was du tun musst, aber mach es jetzt. Denn das Leben wartet nicht.»
Der Schmerz ist draußen. Jetzt wird's Zeit, dass du wieder ins

Leben zurückkommst – Schritt für Schritt. Das nächste Kapitel zeigt dir, wie du deinen Weg zurückfindest.»

Engel: «Es geht darum, die ersten kleinen Schritte zu machen. Und ja, du kannst das. Im nächsten Kapitel zeigen wir dir, wie du die ersten Schritte zurück ins Leben machst.»

Die ersten Schritte zurück ins Leben

Engel, sanft: „Du stehst am Anfang. Die Beziehung ist vorbei, und es fühlt sich an, als hätte jemand den Boden unter deinen Füßen weggezogen. Aber weißt du was? Jeder Tag ist ein Schritt. Ein Schritt raus aus der Dunkelheit. Ein Schritt zurück ins Leben. Und das Wichtigste: Es muss nicht perfekt sein, es muss nicht groß sein – es muss nur passieren."

Teufel, energisch: „Hör auf zu jammern und fang an zu handeln. Glaub mir, Selbstmitleid bringt dich nirgendwo hin – es sei denn, du willst ein Profi darin werden, auf der Couch Chips zu essen und an die Decke zu starren. Steh auf. Mach irgendwas. Kleine Schritte sind besser als gar keine."

Warum Aktivität wichtig ist

Engel: „Liebeskummer kann dich lähmen. Er macht müde, er raubt dir die Energie. Aber weißt du, was dagegen hilft? Bewegung. Aktivität. Jeder kleine Schritt, den du machst – sei es, aufzustehen, einen Spaziergang zu machen oder ein gutes Buch zu lesen – bringt dich näher zu dir selbst."

Teufel: „Genau. Wenn du dich nicht bewegst, wirst du dich immer so fühlen: wie festgefahren im Dreck. Also fang an. Du musst nicht gleich einen Marathon laufen, aber du kannst verdammt nochmal anfangen, deine eigene Welt zu reparieren."

Die ersten Schritte

1.Mach dein Bett

Engel: „Es klingt banal, aber dein Bett zu machen, gibt dir ein Gefühl von Kontrolle. Es ist ein kleiner Sieg am Morgen, ein Zeichen dafür, dass du bereit bist, dich um dich selbst zu kümmern."

Teufel: „Und wenn das Bett gemacht ist, geh raus. Ja, raus! Egal wohin, Hauptsache, du bewegst dich. Bewegung heißt Leben. Also beweg dich, verdammt."

2. Plane deine Woche

Engel: „Plane kleine Dinge: einen Spaziergang, einen Anruf mit einem Freund, einen Filmabend. Struktur gibt dir Halt, wenn die Welt chaotisch erscheint."

Teufel: „Und wenn du keine Lust hast, Pläne zu machen, mach sie trotzdem. Niemand sagt, dass du sie einhalten musst, aber der Plan ist da. Er ist ein Anker. Und wenn du doch Lust hast – leg los."

3. Iss etwas Gutes

Engel: „Essen beeinflusst deine Stimmung. Koch dir eine gesunde Mahlzeit. Nimm dir Zeit, etwas Gutes für deinen Körper zu tun."

Teufel: „Oder bestell dir was Geiles. Manchmal brauchst du einfach einen verdammten Burger oder eine Pizza, um dich besser zu fühlen. Hauptsache, es schmeckt und macht Spaß."

4. Setz dir ein Ziel

Engel: „Es muss kein großes Ziel sein. Vielleicht möchtest du ein Buch lesen, dass du lange aufgeschoben hast, oder ein neues Hobby ausprobieren. Ein Ziel gibt dir Sinn."

Teufel: „Mein Vorschlag? Setz dir ein Ziel, das dir das Gefühl gibt, ein verdammter Rockstar zu sein. Etwas, das dir zeigt, dass du mehr bist als dein Liebeskummer. Und dann mach's."

5. Geh unter Menschen

Engel: „Es ist schwer, aber wichtig. Triff dich mit Freunden. Sprich mit Menschen, die dir guttun. Du bist nicht allein, auch wenn es sich manchmal so anfühlt."

Teufel: „Und wenn deine Freunde gerade keine Zeit haben, geh trotzdem raus. Geh in einen Park, in ein Café, in einen Club. Egal wohin. Die Welt wartet nicht, bis du bereit bist – also zeig dich."

Kleine Schritte, große Wirkung

Engel: „Jeder kleine Schritt zählt. Dein Bett zu machen, dich zu bewegen, etwas Gutes zu essen – all das sind Zeichen dafür, dass du zurück ins Leben findest. Es wird nicht über Nacht geschehen, aber es wird geschehen."

Teufel: „Und vergiss nicht: Kein Schritt ist zu klein. Solange du dich bewegst, bist du auf dem richtigen Weg. Mach weiter. Mach's laut. Und mach's mit Klasse."

Engel: «Du bist stärker, als du glaubst. Jeder Schritt bringt dich näher zu dir selbst. Gib dir die Zeit, die du brauchst – und vergiss nicht, dass du auf dem Weg bist, dich selbst wiederzufinden.»

Teufel: «Hör auf, dir Sorgen zu machen, ob du alles richtig machst. Hauptsache, du machst etwas. Ein Schritt nach dem anderen. Und bevor du's merkst, rennst du wieder. Das Leben gehört dir – hol's dir zurück.
So der Anfang ist gemacht. Jetzt geht es darum, vom Überleben ins Leben zu kommen – richtig zu leben. Kein Rumgehampel mehr. Im nächsten Kapitel zeige ich dir, wie du aufblühst, wie ein verdammtes Feuerwerk.»

Engel: «Das Leben wartet auf dich. Lass uns dir zeigen, wie du nicht nur überlebst, sondern wirklich wieder lebst. Das nächste Kapitel führt dich zurück zu dir selbst – Schritt für Schritt.»

Vom Überleben zum Leben – Finde zurück zu dir selbst

Engel, sanft: „Du hast die ersten Schritte gemacht. Du hast dich aufgerafft. Deinen Schmerz akzeptiert. Und vielleicht fühlst du dich ein kleines bisschen stärker. Aber was jetzt?
Jetzt geht es darum, nicht einfach nur die Tage durchzustehen, sondern sie zu gestalten. Vom Überleben zum Leben – das ist dein Ziel."

Teufel, energisch: „Genug geheult, genug gegrübelt. Jetzt wird's Zeit, dass du das Leben wieder in die Hand nimmst. Kein Rumgedümpel mehr. Hol dir deine verdammte Freude zurück. Dein Selbstwert. Dein verdammtes Leben. Und glaub mir, es wird Spaß machen – wenn du dich darauf einlässt."

Warum das wichtig ist

Engel: „Liebeskummer kann dich in einem Modus des reinen Überlebens festhalten. Du funktionierst, aber du fühlst dich leer. Das passiert, weil du dich selbst vergessen hast."

Teufel: „Klingt hart, aber es ist wahr. Du hast so viel in diese Beziehung gesteckt, dass du dich dabei selbst verloren hast. Aber hier kommt der gute Teil: Jetzt ist deine Chance, dich neu zu erfinden. Nicht als ‚die Person, die verlassen wurde', sondern als jemand, der stärker zurückkommt."

Schritte, um zurück zu dir selbst zu finden

1. Entdecke deine Interessen neu

Engel: „Frag dich: Was hat dir früher Freude gemacht, bevor die Beziehung dein Leben bestimmt hat? War es ein Hobby, ein Projekt, ein Traum? Nimm dir die Zeit, diese Dinge wiederzuentdecken. Sie sind ein Teil von dir."

Teufel: „Und wenn dir nichts einfällt, dann probier was Neues. Etwas, das du noch nie gemacht hast. Klettern, Tanzen, Töpfern – scheißegal, Hauptsache, es macht Spaß. Keine Angst vor Fehlern, das Leben ist ein verdammtes Experiment."

2. Pflege deinen Körper

Engel: „Körper und Geist sind verbunden. Wenn du gut zu deinem Körper bist, stärkst du auch deinen Geist. Bewegung, gesunde Ernährung und ausreichend Schlaf können Wunder wirken. Es geht nicht darum, perfekt zu sein – nur darum, gut zu dir zu sein."

Teufel: „Und wenn du das Fitnessstudio hasst, mach was anderes. Geh spazieren. Box dich durch einen Kurs. Oder gönn dir einen verdammten Cheat-Day mit allem, was du liebst. Hauptsache, es fühlt sich gut an."

3. Schaffe Raum für Freude

Engel: „Freude kommt oft aus den kleinen Dingen: ein gutes Buch, ein heißer Kaffee, ein Spaziergang in der Natur. Schaffe dir bewusst Momente, die dir guttun."

Teufel: „Und wenn dir gerade nicht nach Freude ist, dann fake it till you make it. Lach, auch wenn dir nicht danach ist. Feier, auch

wenn du keinen Grund siehst. Manchmal musst du das Leben ein bisschen provozieren, bis es zurücklacht."

4. Stelle dir große Fragen

Engel: „Was willst du vom Leben? Wo möchtest du hin? Liebeskummer gibt dir die Möglichkeit, neu zu beginnen. Nutze sie, um deine Ziele und Träume neu zu definieren."

Teufel: „Denk groß. Hör auf, klein zu träumen. Träume davon, die beste Version von dir selbst zu werden. Und dann geh los und mach's wahr. Niemand wird's für dich tun."

Unsere Geschichten

Engel: „Ich erinnere mich daran, wie ich nach einer Trennung wieder zu malen begann. Es war etwas, das ich immer geliebt hatte, aber während der Beziehung aus den Augen verloren hatte. Es hat mir geholfen, mich selbst wiederzufinden – Farbe für Farbe, Strich für Strich."

Teufel: „Nach meinem ersten Liebeskummer? Ich hab's krachen lassen. Neue Musik entdeckt, angefangen, Gitarre zu spielen, und mich in einem Open-Mic-Club zum Affen gemacht. War es perfekt? Nein. Aber es hat mir gezeigt, dass ich wieder lebe."

Engel: „Du hast jetzt einen Einblick, wie du wieder zu dir selbst findest. Doch es gibt noch mehr: Was passiert, wenn du dieses neue Ich feierst – ohne Kompromisse, ohne Grenzen? Das nächste Kapitel zeigt dir, wie du deine Freiheit in vollen Zügen genießt.

Teufel: „Genug Selbstfindung. Jetzt wird's Zeit, die neu gewonnene Freiheit zu feiern – laut, wild und ohne Regeln. Das nächste Kapitel ist dein verdammter Freifahrtschein ins Leben."

Feiere deine Freiheit – Die Welt steht dir offen

Teufel: «Freiheit. Weißt du, was das bedeutet? Es bedeutet, dass dir niemand mehr sagt, was du tun sollst.

Keine Erwartungen!

Keine Verpflichtungen!

Du kannst tun, was du willst, wann du willst. Klingt geil, oder?»

Engel: «Es klingt nach einem Neuanfang. Und nach einer Gelegenheit, dein Leben so zu gestalten, wie du es möchtest. Freiheit kann beängstigend sein, aber sie ist auch ein Geschenk – eine Chance, dich selbst neu zu entdecken.»

Warum Freiheit dein bester Freund ist

Teufel: «Freiheit ist nicht nur ein Wort. Es ist deine Superkraft. Alles, was dich zurückgehalten hat – all die Kompromisse, Diskussionen und Routinen – ist jetzt weg. Du bist der Boss. Die Welt gehört dir. Jetzt musst du nur noch herausfinden, was du mit all dieser Freiheit anstellen willst.»

Engel: «Und was du daraus machst, ist entscheidend. Freiheit ist nicht einfach nur die Abwesenheit von Verpflichtungen. Sie ist

28

auch eine Gelegenheit, etwas Neues aufzubauen – etwas, das dich erfüllt.»

Wie du deine Freiheit feierst

Lass die Regeln hinter dir

Teufel: «Vergiss, was du „solltest". Niemand schreibt dir mehr vor, was richtig oder falsch ist. Willst du morgens Pizza frühstücken? Tu es. Willst du deinen Job kündigen und die Welt bereisen? Pack die Koffer. Regeln sind nur dafür da, gebrochen zu werden.»

Erfinde dich neu

Teufel: «Freiheit heißt, dass du niemandem mehr gefallen musst. Hör auf, dich an alte Versionen von dir zu klammern. Willst du der coole Typ oder die coole Frau sein, die immer in dir geschlummert hat? Dann sei es. Neue Frisur, neues Hobby, neues Ich. Die Welt ist deine Bühne.»

Sag öfter Ja

Teufel: «Das nächste Mal, wenn dich jemand fragt: „Willst du mitkommen?" – sag Ja. Auch wenn du müde bist oder keine Ahnung hast, was dich erwartet. Die besten Erinnerungen entstehen, wenn du dich auf das Unbekannte einlässt.»

Feiere dich selbst

Teufel: «Es gibt nur eine Person, die du feiern solltest, und das bist du. Keine falsche Bescheidenheit. Mach dir den Drink, den du liebst. Tanze wie ein Irrer in deinem Wohnzimmer oder im Club. Du bist frei – leb so, als wäre jeder Tag deine Party.»

Was Freiheit für mich bedeutet

Teufel: «Ich erinnere mich noch gut daran, wie ich nach meiner ersten Trennung dachte: „Was jetzt?" Und dann hat es Klick gemacht. Die Welt war plötzlich so viel größer. Ich habe Konzerte besucht, bin spontan losgefahren, habe das Leben genommen, wie es kam. Es war chaotisch. Es war wild. Und es war verdammt schön.»

Engel: «Freiheit kann überwältigend wirken. Aber sie ist auch ein Geschenk. Es ist deine Chance, dich selbst neu zu entdecken – auf deine Weise, in deinem Tempo.»

Von der Einsamkeit zur Stärke – Alleine, aber nicht verloren

Engel: «Nach einer Trennung fühlt sich die Stille oft wie Einsamkeit an. Du bist es vielleicht gewohnt, jemanden an deiner Seite zu haben – und jetzt bist du plötzlich allein. Aber hier ist die Wahrheit: Allein zu sein ist nicht das Gleiche wie einsam zu sein.»

Teufel: «Genau. Alleinsein heißt nicht, dass du verloren bist. Es heißt, dass du dich endlich auf die wichtigste Person in deinem Leben konzentrieren kannst: dich selbst. Also hör auf, Einsamkeit zu fürchten, und fang an, sie zu nutzen.»

Warum Alleinsein deine Stärke ist

Engel: «Alleinsein gibt dir Raum, dich selbst zu entdecken. Es gibt dir Zeit, nach innen zu schauen und herauszufinden, wer du wirklich bist – ohne Ablenkungen, ohne Kompromisse.»

Teufel: «Und weißt du, was du da finden wirst? Einen verdammt starken Menschen. Alleinsein macht dich härter, unabhängiger und verdammt unaufhaltsam. Es gibt dir die Kraft, die du brauchst, um alles zu erreichen, was du willst.»

Wie du die Stärke im Alleinsein findest

Umarme die Stille

Engel: «Stille kann heilsam sein. Sie gibt dir die Möglichkeit, deine Gedanken zu ordnen und zur Ruhe zu kommen. Nimm dir Zeit, einfach nur zu sein – ohne Ablenkungen.»

Teufel: «Oder nutze die Stille, um richtig laut zu werden. Dreh die Musik auf, schreibe ein Buch, fang an zu malen. Stille ist kein Vakuum – sie ist eine Leinwand. Mach sie bunt.»

Entdecke deine Unabhängigkeit

Engel: «Unabhängigkeit bedeutet, dass du dich auf dich selbst verlassen kannst. Plane einen Tag, an dem du alles allein machst: einen Ausflug, ein Restaurant besuchen, einen Film schauen. Es mag ungewohnt sein, aber es wird dich stärken.»

Teufel: «Und weißt du, was das Geile daran ist? Niemand kann dir reinreden. Du entscheidest. Du bist dein eigener verdammter Chef. Genieß das Gefühl, dass du niemanden brauchst, um glücklich zu sein.»

1. Mach dir selbst Komplimente

Engel: «Fang an, dich selbst zu feiern. Schreib auf, was du an dir magst, und lies es dir jeden Tag vor. Es ist nicht eingebildet, sich selbst zu schätzen – es ist notwendig.»

Teufel: «Oder geh zum Spiegel und sag laut: „Ich bin der Hammer." Ja, es fühlt sich am Anfang komisch an. Aber irgendwann glaubst du's. Und dann? Dann wird's verdammt wahr.»

2. Nutze deine Zeit klug

Engel: «Allein zu sein gibt dir Zeit, dich auf das zu konzentrieren, was wirklich zählt. Deine Träume, deine Ziele, deine Interessen. Nutze diese Zeit, um zu wachsen und dich weiterzuentwickeln.»

Teufel: «Und hör auf, Zeit zu verschwenden. Netflix ist cool, ja. Aber weißt du, was cooler ist? Ein verdammt gutes Leben. Also steh auf, und mach was Großes.»

Unsere Geschichten

Engel: «Als ich nach einer Trennung das erste Mal allein war, fühlte es sich seltsam an. Aber dann begann ich, die Zeit für mich zu nutzen: Ich habe neue Bücher gelesen, neue Orte erkundet, und irgendwann wurde diese Zeit meine größte Stärke.»

Teufel: «Mein erster Tag allein? Ich hab Pizza bestellt, ein Bier aufgemacht, und laut Musik gehört. Und weißt du, was ich gelernt hab? Dass niemand außer mir selbst mich glücklich machen kann. Und seitdem bin ich verdammt gut darin, mir selbst der beste Freund zu sein.»

Allein, aber nicht verloren

Engel: «Alleinsein ist keine Schwäche. Es ist eine Chance, dich selbst zu entdecken und zu wachsen. Umarme die Stille, feiere deine Unabhängigkeit, und finde heraus, wie stark du wirklich bist.»

Teufel: «Und wenn dir die Stille zu leise ist? Mach sie laut. Zeig der Welt, dass du allein nicht nur überlebst, sondern verdammt nochmal lebst.»

Engel:

„Allein zu sein ist keine Strafe. Es ist deine Einladung, zu dir selbst zurückzufinden."

Teufel:

„Die stärksten Menschen stehen allein. Sei einer von ihnen."

Dein neues Kapitel beginnt jetzt

Engel: «Stell dir vor, dein Leben ist ein Buch. Die letzte Seite war schmerzhaft. Vielleicht hat sie dich in Stücke gerissen. Aber weißt du was? Das Kapitel ist zu Ende. Und jetzt? Jetzt hältst du den Stift in der Hand. Du entscheidest, wie es weitergeht. Was möchtest du schreiben?»

Teufel: «Schreib etwas, das kracht. Kein lahmes „und dann lebte sie traurig vor sich hin". Schreib „und dann stand sie auf, zog der Welt eine runter, und eroberte alles zurück, was ihr gehörte". Du bist der verdammte Autor. Also hör auf, dich wie eine Nebenfigur zu fühlen. Es ist dein Buch und deine Geschichte!»

Mach eine Liste: Was macht dich glücklich?

Engel: «Freude ist der Schlüssel. Schreib auf, was dich glücklich macht – egal wie klein. Ein gutes Buch? Dein Lieblingsessen? Ein Gespräch mit einer Freundin? Mach eine Liste und fang an, diese Dinge bewusst in deinen Alltag einzubauen.
Teufel: Und wenn dir nichts einfällt, dann probier neue Dinge. Ja, du wirst manchmal scheitern. Aber manchmal wirst du auch etwas finden, das dich zum Lachen bringt. Und genau darum geht's.»

Definiere dich neu

Engel: «Die Vergangenheit definiert dich nicht. Deine Trennung definiert dich nicht. Du bist mehr als das. Frag dich: Wer möchtest du sein? Was möchtest du aus dieser Erfahrung lernen?»

Teufel: «Und dann geh raus und sei es. Mach dich selbst zur Hauptfigur deines Lebens. Niemand sonst wird es tun. Also trag das verdammte Krönchen, und geh da raus.»

Mach Platz für Neues

Engel: «Um neu anzufangen, musst du Altes loslassen. Das gilt für Erinnerungen, aber auch für Dinge, die dich belasten. Räum auf. Schaff Platz – in deinem Zuhause, in deinem Kopf, in deinem Herzen.»

Teufel: «Schmeiß den Mist raus, der dich runterzieht. Alte Fotos, Nachrichten, Klamotten. Alles weg. Mach dein Leben so leer, dass das Neue gar nicht anders kann, als reinzukommen.»

Unsere Geschichten

Engel: «Ich habe einmal eine Liste gemacht, auf der stand: „Was bedeutet Glück für mich?" Es waren kleine Dinge: Ein Kaffee am Morgen. Ein Spaziergang am Abend. Ein Buch, das mich fesselt. Diese Liste hat mich daran erinnert, dass das Leben nicht perfekt sein muss, um schön zu sein.»

Teufel: «Ich hab nach einer Trennung einen Roadtrip gemacht. Kein Plan, kein Ziel – einfach raus. Die Freiheit hat mich daran erinnert, dass das Leben da draußen verdammt groß ist. Und dass ich es wiederhaben wollte.»

Dein Stift, deine Geschichte

Engel: «Du hast die Kontrolle. Das neue Kapitel gehört dir. Schreib es mit Liebe, mit Freude, mit allem, was dich stark macht.»

Teufel: «Und schreib es verdammt nochmal laut. Groß. Ohne Kompromisse. Dein neues Kapitel beginnt jetzt – also hol dir, was dir gehört.»

Engel:

„Das Leben schreibt dir keine Geschichte vor. Du bist der Autor. Also schreib etwas, das dich zum Lächeln bringt."

Teufel:

„Vergiss die Vergangenheit. Das neue Kapitel ist da. Und diesmal rockst du es – auf deine Weise."

10 unkonventionelle Wege, dich sofort besser zu fühlen

Engel: «Diese Tipps gehen über das Übliche hinaus. Sie sind dafür da, dich zu überraschen und dir ein Lächeln ins Gesicht zu zaubern.»

Teufel: «Und sie sind nicht nur nett – sie sind anders. Manche davon könnten dich sogar dazu bringen, laut zu lachen oder etwas völlig Neues zu probieren.»

1. Fang an, ein völlig neues Alter Ego zu leben

- **Engel:** «Schreib dir eine Liste von Eigenschaften, die du immer bewundert hast, und tu so, als wärst du diese Person. Es kann unglaublich motivierend sein.»

- **Teufel:** «Nimm einen neuen Namen an, zieh was Abgedrehtes an und geh raus. Heute bist du eine Legende.»

2. Adoptiere eine neue Morgenroutine

- **Engel:** «Fang deinen Tag mit Dankbarkeit und positiven Gedanken an. Schreib drei Dinge auf, für die du dankbar bist.»

- **Teufel:** «Oder starte ihn mit Action: kalte Dusche, laute Musik und 10 Liegestütze. Wetten, das pusht dich?»

3. Mach eine Liste mit den schrägsten Dingen, die du tun möchtest

- **Engel:** «Nimm dir einen Tag Zeit, um zumindest einen dieser Punkte umzusetzen. Auch kleine Abenteuer geben dir Energie.»

- **Teufel:** «Schreib verrückte Sachen auf – Barfuß durch die Stadt laufen, eine peinliche Karaoke-Nummer – und dann: Zieh's durch.»

4. Richte dir eine „Feel-Good-Ecke" ein

- **Engel:** «Gestalte einen Bereich in deinem Zuhause mit Dingen, die dich inspirieren: Fotos, Kerzen, ein gutes Buch.»

- **Teufel:** «Oder nimm eine Wand, an der du Bilder, Plakate und Erinnerungen sammelst, die dich laut schreien lassen: „Ich bin ein verdammter Rockstar!»

5. Mach ein völlig verrücktes Selfie

- **Engel:** «Lach über dich selbst und schick es an Freunde – Lachen verbindet.»

- **Teufel:** «Oder poste es irgendwo mit dem Text: „Ich bin wieder da, Baby!"

6. Fang an, etwas zu sammeln

- **Engel:** «Such dir etwas, das dich glücklich macht: Muscheln, schöne Postkarten, inspirierende Zitate.»

- **Teufel:** «Oder sammel einfach absurde Dinge, wie schräge Fotos von Straßenschildern oder die lustigsten Fehler in Speisekarten.»

7. Erfinde deinen eigenen Cocktail

- **Engel:** «Mixe dir einen alkoholfreien Drink, der dich erfrischt und inspiriert.»

- **Teufel:** «Oder kreier einen mit ordentlich Umdrehungen – und gib ihm einen Namen, der dein neues Ich feiert.»

8. Mach eine „Stopp-den-Blues"-Playlist

- **Engel:** «Füll sie mit Liedern, die dir Ruhe und Kraft geben.»

- **Teufel:** «Oder hau nur Tracks rein, die laut und wild sind – so wild, dass sie deine schlechte Laune wegtanzen.»

9. Ruf jemanden an, den du ewig nicht gesprochen hast

- **Engel:** «Es ist die perfekte Zeit, um alte Freundschaften aufzufrischen.»

- **Teufel:** «Und wenn die Person fragt, warum du dich meldest, sag: «Weil ich verdammt nochmal Lust darauf habe!»

10. Schreibe ein Kapitel über dich selbst

- **Engel:** «Erzähl deine Geschichte. Schreib darüber, wie du gerade wächst und was du lernst.»

- **Teufel:** «Und übertreib maßlos. Mach aus dir die Hauptfigur eines Actionfilms oder eines skandalösen Romans.»

Engel: «Diese Tipps sind dafür da, dich aus deiner Komfortzone zu holen und dir neue Energie zu geben. Probiere sie aus, du wirst überrascht sein!»

Teufel: «Und denk dran: Wenn's Spaß macht, ist es verdammt nochmal richtig. Nichts bringt dich schneller raus aus dem Liebeskummer als ein bisschen Chaos und Lachen.»

Als Liebe und Feuer aufeinandertrafen

Teufel:

Unsere Geschichte beginnt nicht mit „Es war einmal". Sie beginnt mit Chaos – das einzig echte Fundament, wenn du mich fragst. Ich war, was ich immer bin: frei, ungezähmt und absolut allergisch gegen Regeln. Und sie? Sie war Licht. Hoffnung. Alles, was ich niemals sein konnte. Aber genau das hat mich zu ihr hingezogen, wie eine Motte zur Flamme.

Wir hätten uns nie begegnen dürfen. Unsere Welten hätten sich nie berühren sollen. Aber das Universum? Es hat einen verdammt seltsamen Sinn für Humor.

Unsere Geschichte? Sie war alles, was Disney niemals erzählen würde. Keine singenden Tiere, keine Zauberfeen, die Wünsche erfüllen. Nein, unsere Geschichte war rohes Leben – ungefiltert, intensiv, explosiv.

Und Netflix? Oh, die hätten aus unserer Geschichte eine Serie gemacht. Mit elend langen Folgen, schier unendlichen Staffeln und einem Ende, das dich schreiend vor dem Fernseher zurücklässt.

Wir waren wie ein verdammtes Märchen. Aber nicht das Märchen, dass du deinen Kindern vor dem Schlafengehen erzählst. Es war Leidenschaft. Es war Konflikt. Es war Feuer. Und oh, wie wir gebrannt haben.

Aber wie alle Geschichten, die zu gut sind, um wahr zu sein, hatte auch unsere ein Ablaufdatum. Ich wollte sie behalten, sie

in meine Welt holen. Ich wollte uns neu schreiben, als etwas, das niemals endet.

Aber sie war anders, besser – und das wusste ich. Ihr Platz war in einer Welt voller Hoffnung und Licht, während meine Welt... nun ja, das genaue Gegenteil war.

Ich bin der Teufel, verdammt noch mal. Ich lebe von Chaos, von Schatten. Und sie? Sie war ein Engel. Ihr Licht war nicht dafür gemacht, in meiner Dunkelheit zu überleben.

Engel:

Ja, er war und ist der Teufel. Und doch war er für mich mehr als das. Er war mein Gegenstück, mein Spiegel – das Chaos zu meiner Ordnung. Als ich ihn das erste Mal sah, wusste ich, dass er alles war, wovor man mich immer gewarnt hatte. Und trotzdem... ich konnte nicht wegsehen.

Er war intensiv, leidenschaftlich, und ja, manchmal auch unerträglich. Aber er war auch ehrlich, auf eine Art, die ich niemals erwartet hätte.

Ich habe mich oft gefragt, was ich in ihm gesehen habe. War es die Hoffnung, dass ich ihn ändern könnte? Oder war es einfach die Tatsache, dass er mich anders gesehen hat, als alle anderen es jemals getan haben? Er hat mich herausgefordert, mich zum Nachdenken gebracht und mich dazu gezwungen, meine eigene Stärke zu finden.

Unsere Liebe war nie dazu bestimmt, einfach zu sein. Sie war wie ein Sturm – zerstörerisch und doch wunderschön. Ich erinnere mich an die Nächte, in denen wir uns gegenseitig bis zur Erschöpfung argumentativ zerlegt haben, nur um dann in ein Lachen auszubrechen, das alles wieder heil gemacht hat.

Er hat mich gelehrt, wie es ist, wild zu sein. Und ich habe ihm gezeigt, dass Sanftheit keine Schwäche ist.

Aber Liebe allein reicht nicht immer. Wir waren zu verschieden, unsere Welten zu unvereinbar. Ich wusste, dass ich ihn nicht in meinen Himmel holen konnte, und ich wollte nicht, dass er sich in meiner Helligkeit verliert. Also habe ich ihn gehen lassen.

Nicht, weil ich es wollte, sondern weil ich wusste, dass es das Richtige war.

Als wir uns trennten, war ich diejenige, die ging. Nicht, weil ich ihn nicht mehr liebte, sondern weil ich wusste, dass wir uns gegenseitig zerstören würden, wenn wir blieben.
Aber er war und ist der Engel, der mir gezeigt hat, was Liebe bedeutet. Er war mein Anfang – und auch mein Ende.

Manchmal frage ich mich, ob er weiß, wie sehr er mich geprägt hat. Ich sehe ihn immer noch vor mir, mit diesem verschmitzten Lächeln und der Art, wie er das Leben herausgefordert hat.

Er war meine erste Liebe. Und ich? Ich war seine. Aber vielleicht ist das alles, was wir füreinander sein konnten – ein Anfang, der uns gezeigt hat, wie tief Liebe gehen kann.

Mit Liebe und Flügeln, mit Chaos und Hörnern -
dein Engel und dein Teufel glauben an dich!

Ich wünsche dir alles Gute und wenn du weiterlesen magst, habe ich hier eine Liste meiner anderen Bücher für dich:

Liebe in der Ehe
So entfachst du, das Feuer der Leidenschaft wieder neu.
Ratgeber
ISBN-13: 9783754347072

Das wahre Gesicht des Fetischs
Ratgeber
ISBN-13: 9783754373705

Seelenverwandtschaft entdecken
Das intime Beziehungsspiel mit 180 Fragen
in drei Kategorien

ISBN-13: 9783756812387

So erziehst auch du k(l)eine Arschlöcher heran
Ratgeber
ISBN-13: 9783756211371

Zwischen Verlangen und Liebe
Roman
ISBN-13: 9783754355589